LETTRE

DE M. HUC,

Membre du Conseil colonial de la Martinique,

A M. LE DUC DE BROGLIE,

PRÉSIDENT DE LA COMMISSION DES AFFAIRES COLONIALES,

SUR L'INDEMNITÉ.

PARIS,

IMPRIMERIE BRUNEAU, RUE CROIX-DES-PETITS CHAMPS, 33.

1845.

LETTRE

DE M. HUC,

MEMBRE DU CONSEIL COLONIAL DE LA MARTINIQUE,

A M. LE DUC DE BROGLIE,

PRÉSIDENT DE LA COMMISSION DES AFFAIRES COLONIALES,

SUR L'INDEMNITÉ.

Prêcheur (Martinique), le 20 janvier 1845.

MONSIEUR LE DUC,

Vous avez lu comme moi une correspondance ministérielle dans laquelle on trouve les lignes suivantes :

« La grande difficulté qui empêchait le cabinet
» d'adopter définitivement un projet de loi sur l'é-
» mancipation, était la question financière; car on
» l'évaluait à 200 millions de francs. Ce sacrifice
» d'argent menaçait de faire ajourner la question
» pendant long-temps encore… Elle a été de nouveau
» soumise au conseil; les ministres ont examiné
» un nouveau plan qui a obtenu l'assentiment de la
» majorité du conseil. D'après ce plan… on arrivera
» à une émancipation progressive, *sans être obligé à*
» *s'imposer de grands sacrifices d'argent…* »

Ce nouveau plan n'est autre que le second des deux proposés par vous. Il y a lieu, dès lors, de regretter la détermination du Conseil colonial de la Martinique, de ne pas réfuter votre rapport. On pensait généralement, lors de la publication de ce document, que portant en lui-même le gage de sa réprobation pour tous ceux qui l'examineraient avec la moindre bonne foi, il ne fallait pas lui donner une importance qu'il ne pouvait acquérir. C'était juste pour les aperçus religieux, moraux, économiques et politiques; mais c'était imprudent, je crois, quant aux calculs financiers. On peut, avec les seuls secours d'un esprit éclairé, les seules inspirations d'une bonne conscience, reconnaître une absurdité, renverser un sophisme et repousser une improbité; mais pour effacer un chiffre, il faut en poser un autre, et quand on ne l'a pas, on est contraint de se soumettre à celui qui est donné.

Il était donc nécessaire, M. le duc, de détruire *ab ovo* les fausses bases de vos faux calculs et de démontrer arithmétiquement la profonde immoralité de leurs résultats; mais pour ne pas contrarier la pensée admise par mes compatriotes, je ne voulus rien publier et me contentai de communiquer mes opérations à quelques membres de l'administration locale, persuadé qu'ils en feraient état dans leurs rapports au ministère de la marine que je croyais alors... Mais, depuis, j'ai dû rester convaincu que, s'il en a eu connaissance, il n'aura pas manqué de les enfouir dans des cartons d'où ils ne sortiront jamais. C'est ce qui me détermine à vous adresser directement quelques mots d'observations qui ne porteront absolument que sur la question d'indemnité.

Il ne vous était guère possible, M. le duc, sans compromettre votre réputation d'intégrité et de probité, d'écrire le mot *émancipation* et de ne pas lui accoler celui d'*indemnité*; et, en effet, vous l'avez écrit en toutes lettres; mais, en vérité, vous semblez ne l'avoir écrit que pour mieux faire ressortir toute l'immensité qui, chez vous, sépare *le mot de la chose.*

Et d'abord, vous ne parlez d'indemnité que pour le personnel de nos propriétés, sans songer aux terres, aux bâtiments, aux machines, aux ustensiles; c'est-à-dire à plus de la moitié de la fortune coloniale. Vous devriez comprendre que si l'indemnité ne comprend pas toutes ces choses, l'émancipation cesse d'être un acte de civilisation et se réduit aux proportions d'un tour de gibecière. Pourtant, il faut reconnaître qu'en agissant ainsi vous êtes d'accord avec vous-même et avec vos prémisses. Ayant posé en principe la *certitude* donnée par l'expérience anglaise du travail libre, et la *possibilité,* après l'émancipation, de conserver les colonies dans des conditions d'ordre, de sûreté, et de prospérité pour les colons, d'utilité commerciale et militaire pour la France, il est tout simple que vous n'ayez songé qu'aux nègres; mais nous, qui avons sous les yeux le magnifique tableau de la béatitude des colonies britanniques; nous qui avons assisté, à la Jamaïque, à la Dominique, à Sainte-Lucie, aux prologues du drame dont ces contrées seront bientôt le théâtre ; nous qui, tous les jours, pourrions acheter des appareils de distillation, des machines à vapeur, des moulins de toute sorte offerts par nos voisins à cinq pour cent de leur valeur intrinsèque ; nous, enfin, qui avons surpris à San-Yago, à Cienfuegos et à Trinidad de Cuba, le secret du reste de production que présente encore la Jamaïque, il ne nous est pas possible de procéder de la même manière. Toutefois, nous n'agiterons point la question de savoir si vous-même vous croyez bien fermement à ce que vous affirmez comme justification de vos théories, ou si vous ne l'affirmez que pour déguiser l'étendue des sacrifices qu'en définitive la probité et l'honneur national imposeront à la France pour réparer les bévues qu'on veut lui faire faire ; mais à votre conviction, fût-elle sincère, nous opposerons nos convictions fondées sur les faits qui s'accomplissent à chaque instant devant nous, et nous affirmerons que vos projets d'émancipation, si jamais ils étaient réalisés, ne produiraient que ruine et déshonneur.

Supposons, pour un instant, qu'il en puisse être autrement et que vous soyez fondé à borner l'indemnité au seul personnel de nos propriétés, et jetons les yeux sur le système que vous développez depuis la page 274 jusqu'à la page 280 de votre rapport :

De prime-abord, on s'aperçoit que ce système repose sur deux fausses données ; et quant au nombre de nègres à émanciper, et quant au prix moyen de chacun d'eux, vous portez le nombre des nègres à

250,000, lorsque le dépouillement des recensements généraux le porte à 273,000. Pourquoi cette différence? — Est-ce pour continuer à déguiser aux chambres et à la nation l'importance de la mesure qu'on leur propose, ou bien n'est-ce qu'une prévision qu'au moment de l'accomplissement de cette mesure le nombre de ceux qu'elle devra comprendre sera diminué de 23,000 par les manumissions volontaires?

Dans le premier cas, ce serait de la persistance dans une voie de supercherie déplorable, et l'on aura beau s'efforcer de crier du haut de toutes les tribunes du monde que *la noblesse du but justifie les moyens*, aucune âme honnête ne concevra qu'une chose juste et louable en soi ne puisse obtenir que par ruse la déception et la spoliation.

Dans le second cas, c'est un aveu formel de la complète inutilité, au point de vue moral et humanitaire, de l'œuvre que vous poursuivez si obstinément en complicité de l'Angleterre. En effet :

Si, sur les nègres existant en 1830 dans les colonies françaises au nombre de   345,000

Il y en a déjà d'affranchis.   42,000

Et que M. de Broglie pense qu'avant la discussion de son rapport il y en aura encore de libérés.   23,000

Ce sera au total en 14 ans.   65,000

Le reste, s'élevant à. . .   250,000

devra se trouver nécessairement émancipé en 46 ans; 46 ans!!!... Veuillez, je vous prie, M. le duc, vous rappeler ce nombre pendant quelques instants.

Peu importe au fond et quant à présent les motifs qui vous ont déterminé à poser le chiffre de 250,000 et les conséquences que l'on en peut tirer contre vous, il me suffit d'indiquer le chiffre exact : 273,000 nègres, et je passe au prix moyen de chacun d'eux.

Vous fixez, sans dire pourquoi, ce prix moyen à 1,200 fr., lorsque d'après les évaluations de votre propre rapport (page 275) le prix des nègres ressort à 1,280 f., prix qui ne saurait diminuer dans votre système sans aggraver la perte du matériel de la propriété des colons.

Cette seule différence de 80 fr., en admettant le chiffre de 250,000, s'élève à. . . 20,000,000 f.

Si l'on y ajoute la différence entre 250,000 et le chiffre réel 273,000, on aura 23,000 qui produiront une autre différence de. . . , . . 29,440,000

Et une différence totale de. . . 49,440,000 f.

Sont-ce là de simples inadvertances ou le résultat d'un parti pris ? Les gens de bonne foi en décideront.

En attendant, je vais tâcher de déterminer le chiffre exact du prix d'un nègre attaché aux exploitations coloniales :

Ce nègre est ou venu d'Afrique, ou né dans le pays.

S'il est venu d'Afrique, il a coûté de 15 à 1800 f., terme moyen. . . . .   1,650 f.

Comme il n'a rendu aucun service la première année, et que, sans parler des frais de maladie, il a coûté d'entretien.   300

Et que son prix a supporté l'intérêt à 12 p. 0|0 d'une année à. . . .   198

Il coûte donc réellement. . . .   2,148 f.

S'il est né dans le pays, il a coûté, depuis sa naissance, 219 fr. par an jusqu'à 14 ans, époque de sa mise au travail, où.   3,066

Cette dépense s'accroît, par suite des mortalités, qui sont de moitié, dans l'intervalle de la naissance jusqu'à 14 ans, de.   1,533

Chaque enfant, parvenu à 14 ans, coûte donc.   4,599

En ajoutant cette somme à celle que coûte le nègre né en Afrique, ci   2,148

On aura un total de.   6,747

Dont la moitié est le terme moyen de la valeur du nègre attaché aux exploitations coloniales.   3,373   50 c.

Or, 273,000 têtes à 3,373 50, font 920,965,500 f. Donc, en portant à 250,000 le nombre des nègres, et à 1,200 fr. le prix de chacun d'eux, ce qui produit 300,000,000 fr., vous faites perdre du premier coup aux colons près de 621,000,000 sur le seul personnel de leur fortune.

On peut juger de l'esprit qui a dirigé la conception de vos plans par ce singulier début.

Mes chiffres, basés sur des documents authentiques, ne sont pas contestables ; mais, en définitive, ce ne seraient que des chiffres opposés à des chiffres, et le lecteur ne voudra peut-être pas se donner la peine d'une vérification. Je me contenterai donc d'avoir indiqué où était le vrai, et je me servirai de vos chiffres mêmes pour renverser votre colossale élucubration.

Après avoir fixé l'indemnité à 1,200 fr., il fallait s'occuper du mode de paiement. Sur ce point, vous avez donné, M. le duc, un démenti à votre renommée : On dit *» qu'il vous est difficile de conclure, parce « que vous restez toujours suspendu entre les doutes de « votre esprit et les scrupules de votre conscience* (1). » Mais il n'en a pas été ainsi cette fois, car vous avez doublement conclu, et au lieu d'un, vous avez trouvé deux modes de liquidation pour l'indemnité.

Le premier consiste à différer le paiement jusqu'après l'émancipation consommée. C'est mettre la charrue devant les bœufs, et finir par où la loi veut que l'on commence. Il paraît que ce mode n'a pas l'adhésion ministérielle, parce que d'abord il faudra,

(1) Châteaubriand, *Congrès de Vérone*, vol. I, p. 285.

n'importe quand, payer à la fois 300,000,000, et ensuite parce que l'État, devenant immédiatement propriétaire de tous les esclaves, aurait la charge de les administrer, et assumerait sur lui tous les embarras si bien indiqués par vous, pages 183 et 184 de votre rapport.

Le dernier mode anticipe *fictivement* sur l'époque de l'émancipation ; fait en apparence aux colons l'avance de la moitié de l'indemnité ; de telle sorte que l'État acquiert la *co-propriété* jusqu'à concurrence de cette moitié, de tous les nègres des colons (page 277).

Par suite de cette acquisition, le travail de la moitié de leurs ateliers leur serait loué sous toutes les charges d'administration et de police, et moyennant une rétribution de 50 centimes par jour pour chaque nègre, *en sus de toutes les allocations en nature.*

Or, en dix ans, à raison de 250 journées de travail par an, le salaire accumulé de chaque nègre produira une somme de 1,250 fr., suffisante et au-delà pour acheter un autre nègre.

Donc, en 10 ans, tous les nègres seront achetés, et il n'en aura pas coûté à la France *un grand sacrifice d'argent.*

Ce mode, qui a paru plus simple, et surtout plus facile à faire accepter par les Chambres, est celui que le ministère veut achever de rendre désirable aux colons par la continuation de dispositions préparatoires aussi anodines que celles du projet de loi du 14 mai.

Que de pareilles stipulations interviennent entre

particuliers majeurs, et de leur consentement, il serait difficile de ne pas les qualifier de léonines; comment faut-il les désigner, quand elles sont imposées par la violence, par la terreur, par l'abus du pouvoir et de la force?

Mais ce n'est point encore là leur plus grand vice. Il en est d'autres inhérents à l'essence même de la théorie sur laquelle elles sont fondées.

Ainsi, par exemple, vous supposez que dans les 125,000 nègres devenus propriétés de l'État il n'y a ni infirmes, ni enfants, ni vieillards et que tous sont munis d'un brevet de vie et de santé pour dix ans.

Or, en prenant le terme le plus favorable, les recensements prouvent, sans qu'il soit possible de les contester, que les vieillards, les enfants, les infirmes forment les deux cinquièmes au moins de la population esclave. Ces deux cinquièmes qui ne produisent rien et qui dépensent autant et plus que les trois autres, déduits de 125,000 ne laissent de valides que 75,000

De ces valides il faut déduire le dixième
pour les malades, ci. 7,500

De sorte qu'il ne reste comme travailleurs effectifs que. 67,500

Les nègres de l'État se diviseront donc,
savoir : en travailleurs 67,500
En non travailleurs 57,500

Ensemble. . . . 125,000

Pour nourrir, vêtir, soigner, entretenir les 57,500 individus non producteurs, il faudra pour le moins employer le salaire d'un nombre égal de producteurs; il en résultera, forcément, que l'État ne pourra faire recette que du salaire de 10,000 travailleurs formant la différence entre les valides et les non valides.

Avec cette recette l'État ne pourra se rendre acquéreur, au bout de dix ans, que de 10,000 esclaves, et suivant cette progression, il faudra plus de quatre-vingt-dix ans pour que le salaire de la première moitié achetée puisse servir à l'achat de l'autre. C'est ce que prouve le tableau suivant :

L'État en payant 150,000,000 fr. devient propriétaire de la moitié des nègres, ci   125,000 f. » c.

Au but de dix ans l'économie réalisé par les salaires des 10,000 travailleurs effectifs permettra d'acheter 10,000 autres nègres; c'est-à-dire que les premiers s'augmenteront de 8 p. 100, ci   10,000   »

Total au bout de dix ans. . .   135,000   »

Un nouveau terme de dix ans donnera une nouvelle augmenta- de 8 p. 100   10,800   »

Total au bout de vingt ans . .   145,800   »

Un nouveau terme de dix ans

A reporter.   145,800   »

Report.	145,800	f.	» c.
donne une nouvelle augmentation de 8 p. 100	11,664		»
Total en trente ans	157,464		»
8 p. 100 pour un quatrième terme	12,597		12
Total en quarante ans.	170,064		12
8 p. 100 pour le cinquième terme	13,604		89
Total en cinquante ans. . .	183,666		01
8 p. 100 pour le sixième terme	14,693		28
Total en soixante ans. . . .	198,359		29
8 p. 100 pour le septième terme	15,868		74
Total en soixante-dix ans. . .	214,228		03
8 p. 100 pour le huitième terme	17,138		24
Total en quatre-vingts ans . .	231,366		27
8 p. 100 pour le neuvième terme	18,509		30
Total en quatre-vingt-dix ans	249,875		57
Reste à acheter la quatre-vingt-onzième année	124		43
Nombre égal	250,000		»

Si vous avez eu égard à ma prière, M. le Duc,
vous avec dû conserver le souvenir d'un calcul que
jai fait en commençant et que j'ai fondé sur une
opinion, au moins implicitement acceptée par vous;

de ce calcul il résulte qu'en se bornant à l'abolition de la traite, à la levée de la prohibition d'affranchir et en maintenant le *statu quo* sur tout le reste, l'émancipation complète des 273,000 nègres, existant aux colonies, ne devait pas se faire attendre plus de quarante-six ans. Ce n'est, comme vous le voyez, que la moitié du temps qu'exigera nécessairement la mise en pratique de vos théories.

Ce n'est pas tout : dans le tableau que je viens de présenter, j'ai admis que le salaire de chaque travailleur suffirait à la nourriture, à l'entretien et aux charges diverses imposées à la possession de chacun des non travailleurs ; mais vous savez bien qu'il n'en est rien. Vous savez que ces débours s'élèvent au minimum à 300 fr. par an ; eh bien, multipliez 300 par 57,300, nombre des non travailleurs, et vous aurez par an 17,250,000 et pour dix ans   172,500,000 f.

Or, le salaire des 67,500 travailleurs à 1,250 fr. chaque par an ne donne pour dix ans que   84,395,500

Différence . . .   88,104,500 f.

Donc, à l'expiration des dix premières années, loin que l'État se trouve créancier et *puisse acheter quoi que ce soit*, il se trouvera débiteur envers les colons.

1° Du prix principal de l'acquisition de la moitié des nègres, ci . . . .   150,000,000 f.

2° De dix ans d'intérêts à 4 p. 100   60,000,000

A reporter.   210,000,000

Report.   210,000,000 f.

3° De la différence entre le salaire
des travailleurs et les dépenses des
non travailleurs   88,104,500

Ensemble . . .   298,104,500 f.

Cette conclusion, qui repose sur des faits et des calculs qui ne sont pas susceptibles de rectification, montre jusqu'où l'esprit de secte et de parti peut porter l'aveuglement des hommes les plus éminents : encore suppose-t-elle que nous voudrions bien nous charger gratuitement de l'administration et de la police des ateliers; ce dont, pour mon compte, je me garderais bien.

Ce n'est point assez que d'avoir montré l'injustice et l'absurdité de la partie théorique de votre système, il faut ne pas vous laisser de doute sur l'immoralité des résultats de sa mise en pratique, s'il était possible qu'elle eût lieu :

Supposons donc que tout va se passer, pendant dix ans, exactement comme vous l'avez prédit; il n'y aurait plus défaut de réflexion et de jugement; mais absence totale des premières notions de probité : En effet, qu'arrivera-t-il à l'expiration de ces dix ans? — Les colons se présenteront pour recevoir les 150,000,000 fr. prix de la première moitié de leurs nègres; alors on leur dira : oui le prix vous est dû; mais vous devez aussi le salaire des nègres de l'État pendant dix ans, à raison de 15,000,000 par an, c'est 150,000,000, somme égale à votre créance ; les deux dettes s'éteignent par compensation ; retirez-vous, nous n'avons rien à vous donner et la moitié du personnel de votre propriété est à nous ; quant à l'autre moitié, nous allons vous imposer les mêmes obligations, et, dans dix ans encore, nous vous ferons le même raisonnement et vous n'aurez plus rien.

Grand merci ! De la sorte, après avoir été spoliés des cinq sixièmes de leurs biens par la violence et l'abus du pouvoir, les colons se verront dépouillés du dernier sixième par suite de la vente imaginaire d'un douzième. Et, chose merveilleuse, on proclamera partout que les colons ont été largement indemnisés !!!!!

Mais, dira-t-on, pendant la première période de dix ans *on promet* aux colons 4 p. 100 du capital fictif de la première moitié de leurs nègres et il en sera, *probablement*, de même pendant les dix années de la seconde période ; 4 p. 100 sur 150,000,000, font 6 millions par an, c'est pour les premiers dix ans 60 millions et pour les derniers dix ans autant ; ensemble 120 millions : c'est un beau denier.

Beau, en vérité ; 120,000,000 d'intérêt à 4 p. 100 *en vingt ans* pour tenir lieu de la *juste et préalable indemnité* due pour l'expropriation d'un capital de 1,980,000,000 fr., dans un pays où l'intérêt apparent est à 12 p. 100 et l'intérêt réel à 16 p. 100 par les renouvellements trimestriels. — C'est admirable !! Ce qui ne l'est pas moins, c'est la manière dont ces intérêts sont payés :

L'État est censé acheter 125,000 nègres pour 150 millions, il ne paie pas ce prix. Il est censé le verser dans la caisse des dépôts et consignations. Il en *promet* l'intérêt à 4 p. 100, c'est-à-dire 6 millions par an : mais en réalité il ne paie pas un centime ; à l'ins-tant même il exige pour les 125,000 nègres qu'il n'a pas payés, et qu'il suppose tous des travailleurs, un salaire de 50 c. par jour en sus des prestations en nature ; ces 50 c. produisent par an 10 p. 100 de 150 millions, ou 15 millions ; de 15 retirez 6 restent 9 ; de sorte qu'après avoir eu l'air de compenser les 4 p. 100 ou 6 millions d'intérêts promis, il bénéficie de 6 p. 100 ou de 9 millions, sur un capital imaginaire qui se trouve ainsi produire plus qu'aucun capital réel du royaume. Du côté de l'État tout est fantasmagorique ; il achète sans payer, il promet 4 p. 100 d'intérêt, et, non seulement il ne les paie pas, mais encore il reçoit 6 p. 100 de ceux-là même à qui il doit le capital. Du côté des colons tout est positif ; ils perdent par la vente fictive à laquelle on les contraint, 1,980,000,000, et non-seulement ils ne reçoivent pas les intérêts *promis* du douzième de cette somme, mais encore s'ils règlent dans dix ans avec leur singulier débiteur, ils se trouveront lui avoir payé 90,000,000 sous le titre de salaire : Permettez-moi, M. le Duc, de vous emprunter une locution qui est devenue célèbre, et de dire ce que vous disiez un jour : Est-ce clair ?

Si de pareilles transactions s'effectuaient entre particuliers, ne pensez-vous pas que le ministère public en traduirait les machinateurs devant les assises, sous la prévention de soustraction frauduleuse, avec circonstance aggravante de préméditation et de violence? Ces transactions seraient pourtant le résultat définitif du plan inventé par vous dans le fameux rapport présenté au monde comme un *fiat lux*, adopté par le ministère comme devant faire arriver à une émancipation progressive, *sans être obligé à de grands sacrifices d'argent*, et pour la mise à exécution duquel il faut, préparatoirement, enlever aux colons le droit de défense, le droit de pétition, l'égalité devant la loi, les distraire de leurs juges naturels, les déclarer suspects, les livrer à des cours prévôtales, les mettre, en un mot, hors le droit commun et au banc de l'humanité, comme y parviendrait le projet du 14 mai, même tel qu'il est amendé par la commission de la Chambre des pairs, s'il était malheureusement converti en loi.

Oui certes, avec une loi conforme à ce projet on ferait une émancipation, sans que l'or de la France fût versé; *mais l'honneur français y coulerait par tous les pores et à grands flots.*

Agréez l'assurance des sentiments distingués avec lesquels je suis,

Monsieur le Duc,

Votre très-humble serviteur,

HUC,
Membre du Conseil colonial de la Martinique.

9 782013 426091